Ediciones Camelot

Título original: *Semillas de libertad.*

© 2015 Esther Rubio Díaz.

© 2015 Ediciones Camelot S.R.L.

edicionescamelot.com

Foto de la portada: Faustino García (naturalista del Observatorio Astronómico de Muñas).

Maquetación y diseño de cubierta: Daniel Solares Acebal.

2ª edición

ISBN: 978-84-943690-2-5

DEPÓSITO LEGAL: AS 04151-2014

EDICIÓN REVISADA Y APROBADA POR EL AUTOR

ESTHER RUBIO DÍAZ

SEMILLAS DE LIBERTAD

CRUZO EN VELERO

ESE INFINITO MAR QUE SOMOS

LA ATALAYA DE MIS SUEÑOS

SENSACIÓN ÚNICA EN EL PAÍS DE LOS RECUERDOS

LA NOCHE ME INSPIRA

LUZ QUE ME TRASPASA

FLOTANDO EN LA NADA

QUE LO LLENA TODO.

LA VIDA SE HACE AL ANDAR

POR LAS CALLES Y CAMINOS HASTA ENCONTRARME

LUZ EN EXPANSIÓN

AQUÍ Y AHORA. EN ESTE MOMENTO.

Prólogo

Presentar un libro de poesías me trae a la memoria personalmente, aquella escena bíblica, cuando Dios desde la zarza ardiente le dice a Moisés: "Moisés descálzate porque la tierra que pisas es tierra sagrada". Algo así experimento yo al hacer la presentación de este poemario. En realidad soy un profano adentrándome en esta tierra sagrada que es el arte de la Poesía. Diría que el título lo dice todo ya que tiene que motivar a abrir el libro y leer. En este caso la autora supo muy acertadamente combinar dos palabras bellísimas recogidas en el diccionario de nuestra lengua española: semilla y libertad. Semilla es una palabra grávida, preñada, llena. Llena... ¿de qué? De futuro, de cosechas, de oportunidades.

Decía el Poeta Libanés Khalil Gibrán "Cualquiera puede contar las semillas de una manzana. Pero nadie puede contarlas manzanas que están escondidas en una semilla". Este libro con sus 21 poemas seleccionados. Semillas de un mismo árbol de crecimiento lento que es libertad. ¿Y qué vamos a decir de Libertad? Ya el mismo Don Quijote le decía a su escudero Sancho: "La libertad, Sancho es uno de los más preciados dones que a los hombres dieron los cielos (...) Venturoso aquel a quién el Cielo dio un pedazo de pan sin que le quede la obligación de agradecerlo al mismo Cielo."(Cap. LVIII). Excelente imagen de quien se siente realmente libre.

Cuando alguien te ofrece un buen vino de una buena bodega y de una gran cosecha y no eres experto en vinos, a lo más que alcanzas, después de catarlo, es decir me gusta este vino. Puedo decir que caté el vino que contienen estos poemas y me gustó. Y creo que a ti te sucederá lo mismo.

(Roberto Peña Cueli)

Semillas De Libertad

Semillas de Eternidad

Frío intenso, refugio de mi pensamiento.
Nieve en las montañas
Blanca imagen refleja en sus ojos
azules a borbotones de ilusión.
Piel de gallina, en la cortina impresa
del ser o no ser.
Frío intenso, refugio de sentimientos.
Muñeco de nieve, nariz zanahoria.
Sonrisa dibujada en el surco de hielo.
Puedo leer tu pensamiento.
Está congelado del carámbano
que cuelga de mi tejado.
Construido de amor y sensibilidad
gracias a ti.
¡Madre de la tierra!
Dónde habitan nuestros sueños
¡Padre de mi ser!
Ser de ilusiones puestas en lo que creemos.

Somos aire en expansión cuando nos dejamos
ir como cometas en el cielo y confiamos
en el universo.

ESTHER RUBIO DÍAZ

Sensación

Somos ¿mentira?
o somos ¿Verdad?
Quiero vencer la ignorancia,
que inunda todo mi ser.
Quiero ser gaviota
para volar sobre la mar.
Desde arriba todo se ve claro.
Es un conjunto, y no solo
una pieza de un puzle incompleto.
No voy a dejar de buscar.

Susurro

Un susurro leve sobrevino a tu oído,
un cuerpo estremecido por la pena.
Un soplo de viento huracanado,
 Recorrió tu ser.
Un dado tirado al azar que lleva tú
número. Inexplicable sensación
de mimo disfrazando el dolor.
¡Y se fue!, un leve susurro de voz
llegó a ti para darte fuerza y continuar
Tú inconsciente te habló:
"No puedes mostrar tristeza delante del
amor más tierno que te observa".
Al saberte engañada por la vida.
Todo se revuelve en el espejo de la
realidad.

ESTHER RUBIO DÍAZ

La rueda de la vida

A la luz de mi luz
me senté a pensar
y vi cosas que jamás
pude imaginar.
Vi libélulas de mil colores
La luna reflejándose en el pozo
y pensé: " soy real".
Estoy aquí sentada, viéndolo todo.
Me di cuenta que yo formaba parte
de la luna, de las estrellas y del pozo.
Me quedé aquí para siempre
plena de luz, sosiego y paz.
Mírame ¿Quién dijo que soy mortal?
Mi energía seguirá moviendo la rueda,
Mi estrella siempre te guiará hacia la eternidad.

Semillas De Libertad

Empatía

Me sale del corazón
quiéreme tal cual
no me juzgues por mi aspecto.
No me trates mal.
Siento igual que tú.
Quiero sentirme querido.
Seres somos que necesitamos
entregarnos sin miedo.
De la vida solo sé eso
y eso me lo dicta el corazón.
Amor de hermano
Amor de madre
Amor de padre
AMOR eso soy
No soy más.

ESTHER RUBIO DÍAZ

Poeta

Ser que siente
que su alma es un todo.
No teme a la muerte,
porque cuando llegue la hora,
no habrá minuto ni segundo, no espera,
si resurrección.
El alma lo impregnará todo de luz.
Se fundirá el sentimiento, la mente y el corazón.
Porque el morir es tan divino como el nacer.
Ese hermoso Ser brillará en la eternidad y sus
palabras nunca desaparecerán pues serán
consuelo a la orilla del mar.
Su misión: Transmitir todo su amor.

Semillas De Libertad

Intermitente

Esa luz intermitente que me mira
ahora está verde
y paso rápidamente sin prisa
Me mira desde todos los sitios,
Yo diría que me vigila.
A veces me habla con parpadeos
que yo sólo entiendo.
Me guiña sus ojos certera.
Suspiro prolongado y eterno
a contraluz.
Esa intermitente me está mirando
¡Si será impertinente!
Se pone verde y cruzo la encrucijada
sin brújula como siempre lo he hecho.
Sin mirar atrás.

ESTHER RUBIO DÍAZ

Caminado voy, las señales
me indican tu corazón
Vuelvo a recorrer mis caminos
nuestros caminos dibujados
de colores tan intensos como tu alma.
Me pregunto si hay respuestas
solo cuando me miro en tus ojos tristes.
puedo comprender tu sufrimiento.
Todo está inventado sobre una mentira
una farsa o un escenario ficticio.
Quieres volver a ser niño
salir de tu mutismo y tristeza.
Pero no sientes fuerzas pues un
caballo indomable te arrastra hacia
 el abismo.
Objetivo: Solo uno: sentir amor.

SEMILLAS DE LIBERTAD

Nuestros sentidos, sensaciones se vuelcan a un inmenso mar, el mar donde nacimos y ahora en este momento preciso navegamos.

La misma dirección que nos lleva a seguir las señales que se nos presentan en el camino de nuestros sentimientos.

Para ver, mirar y observar el mundo que creamos sin pensar.

Esther Rubio Díaz

Otro Amanecer

¡Qué insignificante y
qué grande es la vida!
Un niño corre, juega, salta
lo busca todo, todo lo toca,
un adolescente detrás del Instituto,
espera a su chica.
Desde la ventana una profesora
los mira con desdén.
Otro día perdido...................
Un vagabundo transita
con sus ojos apagados
casi difuminados en el rostro.
Sus manos temblorosas guardadas
en los bolsillos traseros.
En un banco sentado está un anciano.
Su mente fija en sus recuerdos.
Su mano apoyada en un bastón
mirando el cielo.
Una paloma vuela libre, ellos
 corren detrás de ella.
Todo es lo mismo y lo mismo es todo.

Semillas De Libertad

La Luna

La luna tesoro resplandeciente,
Asomas tu cara limpia y pura.
Quisiera verte más de cerca.
De pequeña te seguía con la mirada fija.
Parecías moverte caprichosa.
Te quería para mí.
¡Que tienes luna!
¡Que quien te mira se enamora de ti!.
Cual poderoso imán me atraes
en la noche oscura.
Cuando era niña, mamá me decía:
Dentro de la luna hay una anciana
plantando la semilla de la Eternidad.
A lo mejor solo con mirarte
ya no muera jamás.
¡Como me gusta la noche oscura!
la luna llena.

ESTHER RUBIO DÍAZ

Vivencias

Viviendo en el sin vivir
Comprendiendo lo incomprensible.
Descanso en el banco de mis recuerdos.
Soñando a ser niña otra vez.
A viajar a mi mente infantil.
¡Tan inquieta y pueril!
Sentada encima de la fuente,
viendo el lomo del caballo.
No hay infinito para mí.
Subiendo por las piedras,
cogiendo madreselvas fui feliz.
Enterrándome en la nieve blanca
con mis pies descalzos.
Mirando el cielo cuajada de estrellas.
Pidiendo deseos y viendo mis días de niña pasar
fui feliz.

Semillas de Libertad

A veces necesitamos una mano amiga que nos apriete fuerte para saber que estamos vivos, soltar amarras que nos hacen quedarnos parados en el camino sin saber adónde ir.

Así encontramos de nuevo nuestro sendero con sentido y seguros de ser un todo.

Luz solar, mi alma habla en silencio. Palomas mensajeras hechas palabras.

Esther Rubio Díaz

Iluminado

Ruego al cielo
que la luz siempre brille.
Miro las estrellas para que ellas
me digan la verdad.
Por las noches, ellas me guían.
¡Estrella, luz de mi vida!
Me gusta sentir el resplandor
en tu mirada.
La luz ha vuelto a mi paraíso.
Mi mente está clara.
Y mi corazón fuerte.
Sentir dolor, amor es algo noble.
Sentirse vivo y ver siempre la claridad.
Siempre que te miro me encuentro.

Semillas de Libertad

El piano

Hoy igual que ayer
el piano me regala su melodía
desde la pared vecina.
Imprimo momentos en papel de seda.
Mis pensamientos se diluyen
presurosos por la vereda del ayer.
Si te fuiste para siempre
¿Cómo es que te siento más que nunca?
Inútil un segundo
que parece nada
pero puede ser una vida.
Cuando alguien se marcha sin avisar
despacito con una sonrisa en la boca,
surge dentro de mí la misma pregunta:
¿Cuándo nos encontraremos?

ESTHER RUBIO DÍAZ

La fuente del Bruxu

Me escapé corriendo
a la luz de la luna.
El agua de la fuente
me embrujó.
Sentí un fuerte impulso.
como un potente imán
que me atraía a su regazo.
Me reflejé en su agua
y vi una chica de largos
cabellos ondulados.
Su agua era salada
al igual que sus lágrimas.
Pero Fátima, que así se llamaba
sonreía plácidamente.
Y supe por su mirada que estaba
enamorada.
Junto con su amado pudo escapar
de la autoridad de un padre tirano.
Y alcanzar por fin la libertad.
Alcé mi mirada y pude leer:
Si bebes de sus aguas, lloraras de felicidad.

SEMILLAS DE LIBERTAD

¿Cuántas veces estamos contando los minutos,
segundos que nos faltan para acabar el día?,
dejamos pasar la vida pero si nos detenemos
un momento,
¡Cuánto disfrute puede haber en un minuto!

Párate por favor y respira.

Ahora.

Ahora el reloj me mira, yo no lo veo: Tic Tac.

ESTHER RUBIO DÍAZ

Cálculo

Más allá del horizonte
donde está marcada esa línea.
Voy a llegar.
Seré la viajera de mis sueños
la guía de mis anhelos.
Prohibido ¿Quién lo dijo?
Donde late tu corazón.
Es allí donde estás.
Nadie, que no se lo proponga lo conseguirá.
La constante insistencia de mis pensamientos.
Siempre llega al mismo lugar
No he llegado todavía ni al principio.
Si el final no existe, no habrá final.
Tras la tangente que yo trace,
se delimitará mi existencia.

SEMILLAS DE LIBERTAD

Señal

Al ver la gorra verde,
miré los ojos verdes de mi madre.
Sentí un estremecimiento superior.
Cómplices de una sensación común.
¡Todo se lleno de magia!
Estabas allí presente.
La lluvia caía
pero no la sentíamos.
Las dos te vimos,
 pasar despacio.
Toda una vida desfiló
 a nuestro alrededor.
De mis ojos brotaron
 lágrimas azules.
Los sentimientos puros
perduran más allá
del infinito de nuestro ser.
Te queremos, lo sabes.

ESTHER RUBIO DÍAZ

Madreselva

Así naciste libre sin ataduras
agua pura que corriste,
tras tu andadura.
Fuiste sol al amanecer.
Las demás flores te miraron
con timidez.
Por pensar que ellas jamás
podrían tener tu libertad.
Te situaste en lo más alto
en el nido de la sinceridad.
En el lugar más oculto estás:
¡Caja de Pandora!
Tu olor se difumina
en el latido de mi pensamiento.

SEMILLAS DE LIBERTAD

Ser un pez

Quisiera ser un pez para surcar tus mares.
Quisiera ser estrella para lucir siempre tan bella.
Quisiera ser payaso para brindar risa a cada
paso.
Quisiera ser diminuta para cobijarme en tu
regazo.
Quisiera ser golondrina para cantarte todo el
día.
Quisiera ser sol para reinar cual girasol.
Quisiera ser aliento para dar vida
y que las penas se las lleve el viento.
Quisiera ser, quisiera ser...
Quisiera ser camaleón para cambiar el
color marrón.

ESTHER RUBIO DÍAZ

La oveja muda

La oveja trasquilada queda muda.
Pensativa y sin ropaje,
no tiene abrigo todo le da frio.
Y piensa: ¿Por qué?
Se ve esbelta, casi transparente.
Al quitarse todo ese peso,
ella sueña con ser modelo.
Desfile de ovejas en una pasarela.
¡La más guapa! ¡La más bella!,
le han quitado toda su lana.
Desnuda ante la gente le da vergüenza
 pero ella no habla,
solo mira con extrañeza.
Sus ojos negros brillan con los focos.
Ella ya no quiere ser estrella.
Quiere que le devuelvan su lana.
Que aunque no la hace esbelta.
La hace sentirse más oveja.

Semillas De Libertad

El pájaro de cristal

El pájaro que vuela
que observa todo donde se posa
vuela libre, feliz.
Su libertad no es casual
no tiene rumbo ni meta
siempre sabe donde descansar
El viento a veces lo trae
otras veces lo lleva
y él se deja llevar.
Observo a ese pájaro
que siempre está ahí.
Que vaga por el mundo
contemplándolo todo.
Golpea su pico contra la ventana
coge impulso y se estrella contra el cristal.
Yo abro la ventana y sale airoso
por fin pudo alcanzar su libertad.
Nada es casual.
Tu vuelo limpio dibuja una alegría inmensa.
En la claridad.

ESTHER RUBIO DÍAZ

Objetivo ahora

Solo un objetivo.
Ser niño
No matemos su ingenuidad
ni su forma de inventar
pongamos alas a su imaginación.
Que se rompan las barreras
de la incomprensión.
Envuélvete en la arena y ríe hasta llorar.
Zambúllete en el agua.
Lánzate de lleno desde lo más alto
del trampolín sin miedo al ridículo.
Pero sobre todo disfruta del camino.
Haz cosquillas a tu paso,
para ver caras alegres.
No juzgues si no quieres ser juzgado.
No mires atrás o serás estatua de sal.
No critiques lo que tú mismo has hecho.
Abrázate y quiérete tal cual
No busques comparaciones pues no las hay.
Tú eres único e irrepetible.

Tu misión: ser feliz en la sencillez del ser.

SEMILLAS DE LIBERTAD

Somos agua que busca la mar, volvamos a recorrer nuestros caminos de un azul intenso como tu alma.

Soy aprendiz de poeta; mi nombre significa estrella y por eso estoy inscrita en el cielo desde que nací. Desde niña siempre me ha gustado leer, escribir y pintar y todo lo relacionado con el arte y la creatividad.

Estoy feliz por este primer viajero como yo lo llamo; pues para mí los libros además de amigos han de ser viajeros, ir de mano en mano, visitando todo el mundo, volando como palomas para llegar a quién realmente los necesite.

Tengo dos blogs de poesía a los cuales acuden mis iluminados que son las personas que iluminan mi camino con sus mensajes de amor y esperanza.

http://lacpulaverde.blogspot.com/
http://esterinacantarina.blogspot.com.es/

Esther Rubio Díaz, nació en Asturias, España (1975). Publicó su primer viajero poético *Semillas de Libertad*. Ahora lo reedita en edición trilingüe; castellano, inglés y llingüa asturiana.

Tiene otro libro en preparación, este es un cuento filosófico para adultos. Así como un cuento infantil. Ha sido seleccionada para un libro de microrelatos que se titula *La sangre altera*, Diversidad Literaria, Madrid.

Quedó finalista en Mendoza, Argentina en el concurso de Poesía dedicado a Roberto Juarroz y salé en la compilación de autores de "Mundos en equilibrio". Esta desarrollando un proyecto de moda poética junto con Lady Isabel, una chica con síndrome de down.

Arts Poética de Esther Rubio:

La poesía es mi esencia, la luz que me indica el camino de la verdad. Necesito la poesía como la respiración y agradezco a mi padre, Roberto Rubio Feito, las noches que le dediqué a declamar el Martín Fierro, así como, a mi madre una rosarina llena de dulzura y bondad, Edelmira Díaz Ríz que me enseñó a expresarme desde el corazón.

Esther Rubio Díaz

Seeds Of Liberty

Translated from Spanish by Pablo Solares Acebal

I NAVIGATE IN MY SAILBOAT

THAT INFINITE THAT SEA WE ARE.

THE WATCHTOWER OF MY DREAMS

AN UNIQUE SENSATION IN THE COUNTRY
OF MY MEMORIES.

THE NIGHT INSPIRES ME.

LIGHT THAT TRAVERSES ME.

ALL OF US ARE WATER

IN A CIRCLE THAT TAKES ME OUT TO SEA.

LIFE CONSTRUCTS ITSELF AS WE WALK

THROUGH THE STREETS AND ROADS
UNTIL I FIND MYSELF.

EXPANDING LIGHT.

HERE AND NOW.
IN THIS MOMENT.

I dedicate this first traveler.
My inspiration comes from a unique father
that left me his best present,
love
and my Argentinean mother full of sweetness
and infinite surrender:
Roberto Rubio Feito y Edelmira Díaz Ríz,
As well as to all the people who have given me
a piece of their hearts
by gifting me with a book.
And all my family: my fountain of love and help
anytime I need them.

We are all a slow-growing tree.

Prologue by Roberto Peña Cueli

Preparing the introduction to a poetry book brings back to my memory that Biblical passage where God asks Moses from the burning bramble: "Moses, take your shoes off since the land on which you tread is sacred."

Something like this is what I experience as I prologue Seeds of Liberty. Actually, I am a profane one who enters the sacred land, that is to say, the art of poetry. I would say that the title says it all. The title of a book is highly important as it shall invite one to open the book and read it. In this case, the author knew how to meld two beautiful words compiled in the Spanish Dictionary: seed and liberty.

'Seed' is a full, pregnant and loaded word. Of what? You may ask. Of future, of harvests, of opportunities. Lebanese poet Khalil Gibran used to say: "Anyone can count the seeds of an apple but no one can actually count how many apples are hidden in a seed".

This book is comprised of 21 selected poems, that is, seeds of the same slow-growing tree: Liberty.

What can we say about liberty? As Don Quixote told his squire: "Sancho, liberty is one of the most valued gifts received from Heaven. Fortunate is he to whom Heaven gave a hunk of bread without for it falling into the obligation of being grateful to the same Heaven" (Chapter LVIII). This is an excellent image of who feels really free.

When someone offers you a good wine from a good warehouse and a great harvest and you are not a winery expert, your highest goal, after sampling it, would be to say that you like the wine. I can assert that I tasted the wine from these poems and I liked it. And I think the same will happen to you.

ESTHER RUBIO DÍAZ

Seeds of Eternity

Intense cold,
refuge of my thought.
Snow in the mountains
A white image reflects in your blue eyes
Fiercely dreaming.
Goosebumps in the printed curtain
of being or not being.
Intense cold,
refuge of my feelings.
Snowman, carrot nose.
Smile drawn in the furrow of ice.
I can read your thought.
It's frozen in the icicle
that hangs from my roof.
Constructed by love and sensibility
thanks to you.
Mother of the Earth!
Where our dreams inhabit.
Oh Father of my being! Being of illusions set
in our beliefs.

We are expanding air when we when we let ourselves go like comets in the sky and we trust the universe.

Feeling

Are we lie?
Or are we truth?
I want to conquer the ignorance
That floods my being.
I want to be a seagull
to fly over the sea.
From above everything is seen clearly.
As a whole and not
as a piece of an incomplete puzzle
I won't stop seeking.

ESTHER RUBIO DÍAZ

Whisper

A light whisper passed unexpectedly into your ear.
A body shaken by grief.
A hurricane-force wind blew through you.
A die thrown by chance that had your number.
An inexplicable mime's sensation
costumed in pain.

And it vanished! a light whispering voice
Came to give you strength and move on.

Your unconscious mind to you spoke:

"You cannot show sadness before the
tenderest love that observes you."

Knowing yourself deceived by life.

Everything is turned upside down in the
mirror of reality.

The Wheel of Life

By the light of my light.
I sat down to think
and saw things
that I could never imagine.

I saw dragonflies of a thousand colors.
The moon reflecting on the well,
And I thought: "I'm real".
I'm sitting here, seeing all.
I realized that I was part of the Moon, the stars
and the well.
I remained here forever, full of light, calm and peace.

Look at me: Who said I was mortal?
My energy will keep on turning the wheel.
My star will always guide you toward eternity.

ESTHER RUBIO DÍAZ

Empathy

It's from my heart
love me as I am.
Don't judge by my appearance.
Don't treat me wrong.
I feel as you do.
I want to feel loved.
Beings we are in need of
surrendering ourselves without fear.
That alone I know from life,
And that my heart dictates.
Love of a brother.
Love of a mother.
Love of a father.
Love is what I am.
And nothing more.

SEEDS OF LIBERTY

Poet

Being that feels her soul as a whole.
She's not afraid of death,
since when the time arrives,
there won't be either a minute or a second, or waiting
but resurrection, yes.
Her soul will impregnate everything with light.
Feeling, mind and heart will be melded.
Because to die is as divine as to be born.
That beautiful being will shine in eternity and
her words won't disappear
For they will be consolation by the shore of the sea.
Her mission: To transmit all her love.

ESTHER RUBIO DÍAZ

Blinking Light

That blinking light that looks at me
now is green
and I walk by quickly without rushing
It looks at me from every place,
I would say that it watches over me.
Sometimes it talks to me by a blinking
only understood by me.
It winks at me certainly.
A long and eternal whisper
against the backlight.
That blinking light is watching me.
Yes, I'd say it is impertinent!
It turns green and I cross the intersection
without compass as I have always done.
Without looking back.

Seeds Of Liberty

I go walking by, the signals point at your heart.
I walk again my paths
our paths drawn in colors as intense as your soul.
I wonder if there are answers
only when I see myself in your sad eyes.
I can understand your suffering.
Everything is based on a lie, a farce or
a fictional scene.
You want to be a child again,
To come out of your silent sadness.
But you do not feel strong enough
since a wild horse drags you into the abyss.
Objective? Just one:
To feel love.

ESTHER RUBIO DÍAZ

Our senses, feelings, are capsized on an immense sea, the sea where we were born and on which we now at this precise moment sail.

The same direction that takes us to follow the signals that present themselves to us in the path of our feelings.

To look, to see and to observe the world that we create without thinking.

SEEDS OF LIBERTY

Another Daybreak

How insignificant and
how grand is life!
A child runs, plays, jumps
Searches for everything, everything touches,
An adolescent behind the Institute,
waits for his girl.
From the window a professor
looks at them disdainfully.
Another day lost...................
A vagabond crosses
with eyes closed
Almost lost in his face.
His trembling hands kept in his back pockets.
Seated on a bench is an old man.
His mind fixed on his memories.
His hand resting on a cane
Watching the sky.
A pigeon floes free, they
run after it.
All is the same, and the same is all.

ESTHER RUBIO DÍAZ

The Moon

The moon is a resplendent treasure.
You show your clean and pure face.
I would like to see you closer.
Since I was small I followed you with a fixed gaze.
You seemed to be moving so whimsically.
I wanted you for myself.
What do you have, Moon,
that he who looks on you falls in love with you?
As a powerful magnet you attract me
in the dark night.
When I was a child, Momma used to tell me:
"Inside the moon there is an very old woman
planting the seed of eternity."
Maybe, just by looking at you,
I will never die.
How I like the dark night!
the full moon.

SEEDS OF LIBERTY

Experiences

Living in it without living.
Comprehending the incomprehensible.
I rest on the bench of my memories.
Dreaming of being a child again.
To travel to the mind of my infancy.
So fidgety and childish!
Seated above the fountain
watching the back of the horse.
There's no infinite for me.
Going up through the stones,
I was happy to pick honeysuckle.
Burying myself in the white snow,
barefoot.
Watching the star-spangled sky.
Making wishes and seeing the days of
my childhood pass, I was happy.

ESTHER RUBIO DÍAZ

Sometimes we need a friendly hand to squeeze us vigorously, so that we know that we are alive, to loosen ties that stop us in our tracks, knowing not which way to go.

Thus, we find our new path with sense and assurances of being a whole.

Sunlight, my soul talks in silence.
Carrier pigeons made of words.

Enlightened

I beseech heaven
that its light always shine
I watch the stars so that they
might tell me the truth.
Each night they guide me.
Star, light of my life!
I like to feel the brightness
Of your gaze.
Light has returned to my paradise.
My mind is clear.
My heart is strong
To feel pain, love is something noble.
To feel alive and always see the clarity.
Whenever I see you I find myself.

Esther Rubio Díaz

The Piano

Today as yesterday
the piano gives me its melody
From the neighbor's wall.
I print moments on silk paper.
My feelings become diluted
Rushing along yesterday's pathway.
If you went away forever
How is it that I feel you more than ever?
Useless a second
that seems like nothing
but can be a lifetime.
When someone leaves without giving notice
slowly with a smile on their lips,
within me arises the same question:
When will we find each other again?

SEEDS OF LIBERTY

The Magician's Fountain

I escaped running
By the light of the moon
The water of the fountain
bewitched me.
I felt a strong urge
like a potent magnet
that was attracting me to its lap.
I was reflected in its water
and saw a girl long wavy hair.
Its water was salty
as were her tears.
But Fatima, as she was called
smiled placidly.
And I knew from her gaze that she was
in love.
Along with her beloved she was able to escape
from the authority of her tyrannical father.
And finally achieve liberty.
I raised my gaze and I could read:

If you drink from its waters,
you will cry with happiness.

ESTHER RUBIO DÍAZ

How many times have we counted the minutes and seconds that are left to finish the day?

We let life pass by but if we stop for a moment, how much enjoyment can be had in a minute!

Stop, please, and breathe.

Now.

Now the clock looks at me. I cannot see it: Tic-Toc.

SEEDS OF LIBERTY

Calculation

Beyond the horizon
where that line is marked.
I will arrive.
I'll be the traveler of my dreams,
the guide of my longing.
Prohibited: Who said it?
Where your heart beats
is where you are.
No one achieves that to which they have not set
their mind
The constant insistence of my thoughts
always arrives at the same place.
I haven't even yet begun.
If the end does not exist, there will be no end.
Beyond the tangent I might draw
lie the boundaries of my existence.

ESTHER RUBIO DÍAZ

Signal

Upon seeing the green hat,
I saw my mother's green eyes.
I shuddered greatly.
Accomplices of a common feeling.
Everything filled with magic!
You were there.
The rain was pouring
but we did not feel it.
We two saw you come slowly by.
A whole life paraded around us.
From my eyes sprang blue tears.
Pure feelings
endure beyond the infinite
of our being.
We love you, you know it.

SEEDS OF LIBERTY

Honeysuckle

You were born thus, unbound.
pure water that ran
your course.
You were the sun at daybreak.
The rest of the flowers
looked at you timidly.
Because they thought that they would never
achieve your liberty.
You set yourself in the heights
in the sincerity's nest.
In the most hidden place you are:
Pandora's Box!
Your smell fades
in the pulsation of my thought.

ESTHER RUBIO DÍAZ

To be a Fish

I'd like to be a fish to swim your seas.
I'd like to be a star to shine so prettily.
I'd like to be a clown to spread laughter at every step.
I'd like to be tiny to sleep in your lap.
I'd like to be a swallow to sing to you all day long.
I'd like to be the sun to reign as sunflowers do.
I'd like to be breath to give life
and let the wind carry troubles away.
I'd like to be, I'd like to be...
I'd like to be a chameleon to turn chestnut brown.

SEEDS OF LIBERTY

The Mute Sheep

The sheared sheep remains mute.
Thoughtful and unrobed;
she has no coat, everything chills her.
And she wonders: Why?
She's svelte, almost transparent.
After dropping all that weight,
she dreams of being a supermodel.
A sheep parade on a fashion runway.
The most beautiful! The most pretty!
they have removed all of her wool.
Naked before the people, she feels ashamed
but she does not speak,
Only looks with surprise.
Her black eyes shine in the spotlights.
She no longer wants to be a star.
She wants her wool back.
Since although it doesn't make her svelte,
It makes her feel like a real sheep.

ESTHER RUBIO DÍAZ

The Glass Bird

The flying bird
that observes all from his perch
flies free, happy.
His liberty is not by chance
having neither course nor goal
he always knows where to rest.
The wind, sometimes brings him
at other times takes him away
and he lets himself be taken.
I observe that bird
who's always there.
That wanders the world
contemplating everything.
He taps his beak against the window
gathers momentum and crashes himself into
the glass.
I open the window and gracefully he flies off
at least achieving his freedom.
Nothing is by chance.
Your unblemished flight paints immense joy.
In the clarity.

Seeds Of Liberty

Objective Now

Just one objective:
To be a child.
Let us not kill his ingenuity,
nor his way of inventing.
Let's put wings on his imagination.
Let the barriers of incomprehension be broken.
Wrap yourself in sand and laugh till you cry.
Dive into the water
throwing yourself from the highest springboard
without fear of ridicule.
But above all enjoy the road.
Tickle those in your path
To see joyous faces.
Don't judge if you don't want to be judged.
Don't look back or you'll be a salty statue.
Don't criticize what you yourself have done.
Embrace and love yourself as you are.
Don't seek comparisons,
they don't exist.
You're unique and unrepeatable.

*Your mission: to be happy in the simplicity of
your being.*

ESTHER RUBIO DÍAZ

We're water that seeks for the sea. Let's retravel our paths as intensely blue as your soul.

SEEDS OF LIBERTY

I am a Poet Apprentice. My name means "star" and as a star I am inscribed in the sky since I was born. Now I am an undergraduate in the third year of Elementary Education. Since I was a child, I have liked to read, write and paint. I like everything related to the Arts and Creativity.

I am very happy for having released my first "traveler", as I call it, since for me books —apart from being friends— must be travelers, going from hand to hand, visiting the whole world, and flying like pigeons, so as to come to those most in need of them.

ESTHER RUBIO DÍAZ

SEMIENTA DE LLIBERTÁ

CRUCIO EN VELERU.

ESI INFINITU MAR QUE SOMOS.

LA TALAYA DE LOS MIOS SUAÑOS.

SENSACIÓN ÚNICA NEL PAÍS DE LAS MIOS ALCORDANCES.

LA NUECHE INSPIRAME.

LLUZ QUE ME TRASPASA.

TODOS SOMOS AGUA

**NEL OCÉANO DE LOS MIOS GÜEYOS,
LLEXANDO NA NADA QUE LO ENLLENA
TOU.**

LA VIDA FAIXE AL ANDAR

POLOS CAMINOS HASTA ATOPAME.

LLUZ N'ESPANSIÓN.

AQUI Y AGORA, NESTI MOMENTU.

Dedico esti primer viaxeru

La mio inspiración vien d'un padre únicu que me dexo' l meyor mandáu: el so amor y una madre arxentina llena de dulzura y entrega infinita. Según a toles persones que m'apurrieron el so corazón por aciu un llibru. A tola mio familia que ye fonte de'amor y ayuda en tou momento.

Toos somos un árbol de crecedera lenta que ye la llibertá.

Prólogo de Don Roberto Peña Cueli, por entonces Párroco de Valdés.

Presentar un llibru... traíme a la memoria personalmente aquella escena bíblica cuando Dios dende l'artur de fueu, diz a Moisés: "Moisés, descálzate porque la tierra que pises ye tierra sagrada".

Daqué asina esperimento yo al faer la presentación de "Semienta de Llibertá". En realidá soi profanu enfusándome nesta tierra sagrada que ye l'arte de la poesia. Yo diria que'l titulo dizlo tou. El titulo de un llibru ye bien importante y tien que motivar a abrir el llibru y lleer.

Nesti casu l'autora supo acertadamente combinar dos palabras bellísimas que recueye'l diccionariu de la nuesa Llingua Española: Semientes y LLibertá.

Semienta ye una palabra, grávida, preñada, llena. Llena ¿ De qué? de futuru, de colleches, d'oportunidades. Dice el poeta Llibanés Khalil Gribrán "Cualesquier puede cuntar semienta d'una manzana. Pero naide puede cuntar les manzanes que estan escondíes nuna semienta.

Esti llibru colos sos 21 poemes escoyios son semienta d'un mesmu árbol de crecedera lenta que ye llibertá. ¿Y qué vamos dicir de Llibertá? Ya'l mesmu D. Quixote -y decia al so escuderu: " la Llibertá, Sancho ye unu de los más preciaos dones que los homes dieron a los cielos". Venturoso aquiel a quién el cielu dio un cachu de pan ensin que-y quede obligación d'estimalo a otru que al mesmu cielu. Cap VIII. Escelente imaxe de quien se siente realmente llibre.

Cuando alguien te ufierta un bon vinu de'una bona bodega y de una gran collecha y nun yes espertu en vinos, lo más que alcanzas, depués de catarlo, ye a decir: gústame esti vinu.

Yo puedo dicir que caté el vinu que contienen estos poemes y gustóme. Y creo qu'a ti va asocedete lo mesmo.

Reseña de Ricardo Sánchez del Pulgar Parra:

Con Esther Rubio, xúneme, amás de la poesía, una amistá que vien dende los años noventa y munchos, cuando entá taba n'acurres lo que depués sería l'Asociacion de Poetes Valdesanos.

El llibru que se presenta "Semienta de Llibertá", está formáu por versos que nun susétanse a rima determinada. Versos a los que se-yos llama: sueltos, llibres o blancos.

Versos blancos qu'Esther con esa manera peculiar d'espresar sos sensaciones, alcordances y señardaes combinando frases y pallabres, con nidies pincelaes surdíes de la paleta d'un pintor va enllenando de coloríu.

Viaxeru llama l'autora a este'le so primer llibro de poesía, granes viaxeres qu' Esther dexa en llibertá porque, como les granes tresportaes pol vientu, suspendíes del miriaguanu, pueden granar n'otres tierres. N´otros corazones.

Decia el poeta León Felipe:

Sistema, poeta, sistema.
Empieza per cuntar les piedres
depués vas cuntar estrelles.
Con esti poemariu, Esther empone escontra esa
meta a la que tolos poetes gustaríanos llegar,
que ye la de cuntar estrelles.

Ricardo Sánchez del Pulgar Parra. Cadavedo, Casa del Padre Galo. 4 de agosto de 2014.

Semienta de Lliberta

Semienta d'eternidá

Frio intensu, abelugu del mio pensamientu,
nieve nos montes, blanca imaxe reflexa
nos sos güeyos azules,
a golgoraes d'ilusión.
Piel de pita, na cortina impresa del ser o nun ser,
moñecu de nieve, ñariz cenahoria.
Sorrixa dibuxada nel riegu del xelu, puedo lleer,
el to pensamientu conxeláu del carámbano,
 que cuelga del mio teyáu,
 contruyíu d'amor y sensibilidá gracias a ti.
Madre de la tierra onde habiten los nuesos suaños.
Padre del mio ser, ser d'ilusiones puestes no
que creemos.

Somos aire n'espansión cuando dexamosnos dir como
cometes nel universu.

ESTHER RUBIO DÍAZ

Sensación

Somos ¿mentira?
Somos ¿Verdá?
Quiero vencer la mio ignorancia que'anubre tol
mio ser.
Quiero ser gavilueta pa volar sobre la mar.
Dende enriba vese tou claro.
Ye un conxuntu y non una pieza d'un
puzle incompletu.
Nun voi dexar de buscar.

Semienta de Llibertá

Bisbiso

Un xuxuriu leve sobrevieno al to oido.
Un cuerpu respigáu pola pena.
Un soplíu de vientu huracanado,
 recorrio el to ser.
Un dadu tiráu al azar, que lleva'l to númberu.
Inesplicable sensación de mimu, amarutando'l dolor.
y foise....
Un leve susuríu de voz llegó a ti, pa date fuerza
y siguir.
La to insconsciente te faló:
 Nun puedes amosar murnia
delantre del amor más tienro que te repara.
Al sabete engañada pola vida,
tou revolvese nel espeyu de la esistencia.

Esther Rubio Díaz

La rueda de la vida

A la lluz de la mio lluz,
sentéme a pensar,
y vi coses que jamás
 pudi imaxinar.
Vi libélulas de mil colories,
la lluna reflejándose nel pozu.
y pensé: soi real.
Toi aqui sentada, viéndolo tou,
dime cuenta que formaba parte de
la lluna, les estrelles y el pozu.
quedé equí pa siempres.
plena de lluz, aselu y paz.
Mirame ¿quién dixo que soi mortal?
la mio enerxia seguirá moviendo la rueda.
la mio estrella siempres
Te pon escontra la eternidá.

Semienta de Llibertá

Empatía

Sáleme del corazón
quiéreme talo como soi,
nun me xulgues pol mio aspeutu
nun me trates mal.
Siento igual qu'el to.
Quiero sentime queríu.
somos seres
 que precisamos amor.
de la vida solo sé eso,
y eso díctamelo el corazón.
Amor d'hermanu
amor de pa
amor de ma,
eso soi, nun soi más.

ESTHER RUBIO DÍAZ

Poeta

Ser que siente que la so alma ye un tou,
nun tarrez a la muerte,
porque cuando llegue la hora,
nun va haber minitu, ni segundu,
nun espera, si resurrección.
L'alma trescalar tou de lluz,
 va fundise l'sentimientu, la mente y el corazón.
Porque'l morrer ye tan divin como'l nacer.
Les sos pallabres nunca desapareceran
 pos va ser consuelu a la vera la mar.
La so mision: tresmitir tol so amor.

SEMIENTA DE LLIBERTÁ

Intermintente

Esa lluz intermitente que me mira, agora está verde.
Pasa rápidamente ensin priesa.
Mírame dende tolos sitios, yo diria que me xixila
Dacuando fálame con ceguños, que nun entiendo.
Chisgame los sos güeyos certera.
Sollutu enllargáu y eternu a contralluz.
Esa intermitente m'esta mirando.
"si ye impertinente"
Ponese verde y crucio la encruciada
ensin mirar atrás.

ESTHER RUBIO DÍAZ

Camin

Caminando voi,
 les señales indiquenme'l to corazón.
Vuelvo a percorrer los mios caminos,
 los nuesos caminos,
 dibuxaos de colores tan intensos como la to alma.
Pregunto si hai respuestes,
 solo cuando me miro nos tos güeyos murnios,
 puedo entender el to sufrimientu.
Tou está inventáu sobre una mentira
 una farsa o un escenariu ficticiu.
 Quies volver a ser neñu,
 salir de to mutismu y murnia, pero nun
sientes fuerza.
Nun sientes fuerza, pos un caballu indomable
te abasna escontra l'abilsu.
Oxetivu: solo uno: sentir amor.

SEMIENTA DE LLIBERTÁ

Los nuesos sentíos, sensaciones entornan a un inmenso mar, el mar onde nacimos y agora nesti precisu momentu saleamos.

La mesma dirección que nos lleva a siguir les señales que se nos presentan nel camín de los nuesos sentimientos.

Pa ver, mirar, reparar, el mundo que creamos ensin pensar.

Esther Rubio Díaz

Otru amanecer

Qu'insignificante y grande que ye la vida.
Un neñu cuerre, xuega, salta, buscalo tou, tou lo toca.
Un adolescente detrás de institu, espera la so moza.
Dende la ventana, una maestra míralo con desdén,
 otru día perdíu.
Un vagubundu transita colos sos apagaos güeyos ,
 casi difuminaos na so cara.
Nun bancu, sentáu está un vieyu,
 la so mano sofitada nun cayáu,
mirnado'l cielu.
Un palómbu vuela llibre, ellos cuerren detrás d'ella.
Tou ye lo mesmo y lo mesmo ye tou.

Semienta de Llibertá

La Lluna

La Lluna ayalga resplandorienta,
asomes la to cara llimpio y puro.
Quixiera vierti más de cerca.
De pequena seguiate cola mirada fixa.
Parecias movete caprichosa.
Queriate pal mio.
Cual poderosu imán,
atráesme na nueche escura.
Cuando yera neña, mamá dicíame:
Dientro de la lluna hai una vieya:
Llantando la semienta de la eternidá.
Al meyor con mirate, ya nun muerra jamás.
¡Como me gusta la nueche escura!
¡ Ya la lluna llena!

ESTHER RUBIO DÍAZ

Vivencies

Viviendo nel ensin vivir,
entendiendo lo incomprensible.
Descansu nel bancu
de las mios alcordances.
Suañando a ser neña otra vegada.
A viaxar a la mio mente infantil.
¡Tan inquieta y pueril!
Sentada enriba de la fonte,
viendo'l llombu del caballu.
Nun hai infinitu pal mío.
Xubiendo poles piedres.
Coyendo madreselves,
fui feliz.
Soterrándome na blanca nieve,
colos mios pies descalzos.
Mirando'l cielu llaráu d'estrelles.
Pidiendo deseos y viendo los mios díes,
de neña pasar,
fui feliz.

SEMIENTA DE LLIBERTÁ

Allumáu

Ruegu al cielu que la lluz,
siempres rellume
miro les estrelles pa que ellas
diganme la verdá.
Peles nueches elles me guian,
Estrella, lluz de la mio vida.
Gústame sentir la rellumada na to mirada.
La lluz volvió a la mío paraíso.
La mío mente clara y la mío corazón fuerte.
Sentir amor o dolor ye daqué noble.
Sentise vivu y ver siempres la claridá.
Amor, ternura, amistá.
Siempres que te miro atópome.

ESTHER RUBIO DÍAZ

El pianu

Güei igual qu'ayer' l pianu,
 regálame'l so melodía,
dende la paré vecina.
Imprimo momentos en papel de seda.
Los míos pensamientos adibosos,
eslíense pola sienda del ayeri.
Si te fuisti: ¿Cómo ye que siéntote más que nunca?
Inútil un segundu que paez nada.
Cuando daquién marchase ensin avisar,
despacito con una sorrisa na boca,
dientro de la mio;
la mesma entruga ¿Cuándo nos atoparémos?

Semienta de Llibertá

La fonte del bruxu

Escapéme corriendo a la lluz de la lluna,
L'agua de la fonte embruxóme,
sentí un fuerte impulsu imantado,
que m'atraia al so cuellu.
Reflexéme na so agua,
y vi una moza de llargos pelos ondulaos.
La so agua yera salada,
al igual que los sos llarines.
Fátima qu'asina llamabase sonría allegremente.
Y supi pola so mirada que taba namorada.
Xunto col so amáu pudo escapar de l'autoridá,
d'un padre tiranu y algamar por fin la llibertá.
Alcé la mío mirada ya pudi lleer:
"Si bebes de les sos agües, vas llorar de felicidá"

ESTHER RUBIO DÍAZ

Cálculo

Más allá del horizonte
onde ta marcada esa línea, voi a llegar.
Voi ser la viaxera de los mios suaños.
La guia de los mios pruyimientos.
Prohibíu ¿Quién lo dixo?
Onde llate' l to corazón, ye elli onde tu estes.
Naide que nun se lo proponga lo conseguirá.
La constante insistencia de los mios pensamientos.
Siempres llega al mesmu llugar.
Nun llegué inda nin de primeres.
Si'l final nun existe, nun va haber final,
tres la tanxente que yo trace,
delimitarase la mio esistencia.

SEMIENTA DE LLIBERTÁ

Señal

Al ver la gorra verde,
 miré los güeyos verdes de la mío madre.
Senti un estremecimientu cimeru.
Cómplices d' una sensación común.
Tou enllenar de maxa, tabes alli presente.
L'agua cayía pero non la sentíamos.
Los dos te vimos, pasar adulces.
Toa una vida desfiló, al nuesu alredor.
Delos míos güeyos brotaron
llarines azules.
Los sentimientos puros,
perduraran más allá
del infinitu del nuesu ser.
Te queremos.

ESTHER RUBIO DÍAZ

Madreselva

Asina naciste llibre,
ensin atadures,
agua pura que corristí,
tres l'andadura.
Fuisti sol a l'amanecida.
Las demás flores te miraron
con cobardura.
Por pensar qu'elles enxamás,
podrían tener la to llibertá.
Te asitiasti no más alto,
nel nial de la sinceridá.
Nel llugar más ocultu tas.
¡Caxa de pandora!
El to golor difuminase,
nel llatíu del mío pensamientu.

SEMIENTA DE LLIBERTÁ

Ser un pexe

Quixiera ser un pexe pa derromper los tos mares.
Quixiera ser una estrella para llucir siempres
tan bella.
Quixiera ser payasu pa brindar risa a cada pasu.
Quixiera ser diminuta p'acoveceme nel to cuellu.
Quixiera ser andolina pa cantate tol día.
Quixiera ser sol, para reinar cual xirasol.
Quixiera ser aliendu, pa que les penes llevelas
el vientu.
Quixiera ser, quixiera ser..
Quixiera ser camaleón pa camudar el color marron.

ESTHER RUBIO DÍAZ

La oveya muda

La oveya trasquilada,
ensin ropaje.
Nun tien abrigu,
tou da-y frio
Y piensa ¿Por qué?
Vese espodada, casi tresparente,
al quitar tou esi pesu
ella suaña con ser modelu.
Desfile de'oveyes nuna pasarela.
¡La más guapa!, ¡la más bella!
Quitaron-y tola so llana.
Esnuda ante la xente da-y vergüenza.
Pero ella non fala, solo mira con estrañedá.
Los sos güeyos negros, rellumen colos focos.
Ella ya nun quier ser estrella.
Quier que-y devuelvan el so llana.
Qu'aunque nun la fai espodada,
faila sentir más oveya.

SEMIENTA DE LLIBERTÁ

El páxaru de cristal

El páxaru que vuela
 repara tou onde se posa,
 vuela llibre, feliz.
La so llibertá nun ye casual.
Nun tien aldu ni meta
siempres sabe onde folgar.
El vientu decuando traélo,
otras vegaes llevalo y el dexáse llevar.
Repara a esi páxaru
que siempres esta ende.
Analaya pel mundu.
Contemplándolo tou.
Cute'le picu contra la ventana,
cueye impulsu y estréllase contra'l cristal.
Por fin pudo algamar la llibertá.
Nada ye casual.
El to vuelu llimpiu,
dibuxa una alegría inmensa na claridá.

ESTHER RUBIO DÍAZ

Oxetivu agora

Solo un oxetivu: ser neñu.
Nun matemos la so inxenuidá.
Nin la forma d'inventar.
Pongamos nales a la so imaxinación,
que ruempanse les barreres,
de la incomprensión.
Envuelvete nel sable y ríe hasta llorar.
Zambúllete na agua.
Lánzate de llenu, dende lo más alto.
Del trampolín ensin mieu al ridículo.
Sobremanera esfruta,
 fai rebelgos a cada pasu.
Pa ver cares allegres.
Nun xulgues si nun quies ser xulgáu.
Nun mires tras o serás estatua de sal.
Nun critiques lo qu'el to mesmu fixisti.
Abrázate y quiérete talo como sos.
Nun busques comparances pos nun las hai.
El to yes único, ya irrepetible.
La to misión: Ser feliz na sencillez del Ser.

Semienta de Llibertá

Somos agua que busca la mar, volvamos a percorrer
los nuesos caminos d´un azul intenso como la to alma.

Esther Rubio Díaz, nació n'Asturies, España (1975). Publicó'l so primer viaxeru poéticu *Semienta de Llibertá*. Agora reeditado n'edición trillingüe; castellán, inglés y llingüa asturiana.

Tien otru llibru en preparación, este ye un cuentu filosóficu p'adultos. Además un cuentu infantil. Foi escoyida pa un llibru de microrelatos que se titula *El sangre alteria*, Diversidá Lliteraria, Madrid.

Quedó finalista en Mendoza, Arxentina nel concursu de Poesía dedicáu a Roberto Juarroz y salé na compilación d'autores de "Mundos n'equilibriu".

Esta desenvolviendo al pie de Lady Isabel un proyectu *Almes con Nales* de moda poética.

Arts Poética d'Esther Rubio:

La poesía ye la mio esencia, la lluz que m'indica'l camín de la verdá. Preciso la poesía como la respiración y estimo al mio padre, Roberto Rubio Feito, les nueches que lu dediqué a declamar el Martín Fierro, según, a la mío madre una rosarina llena de dulzura y bondá, Edelmira Díaz Ríz que m'enseñó a espresame dende'l corazón.

www.ingramcontent.com/pod-product-compliance
Lightning Source LLC
Chambersburg PA
CBHW030637130626
46552CB00002B/888